LIVE WITH
MONEY

並木良和

VOICE

はじめに

こんにちは！

並木良和です。

『Live with Money』を手に取っていただき、ありがとうございます。

その中でも、3冊のシリーズの中で「お金」をテーマに語る本を手にしてくれたあなたへ。


あなたは、お金について、どのような悩みや不安を抱えていますか？

「どうしたら、お金をたくさん稼げる仕事に就けるだろう？」
「世の中では値上げラッシュが続く中、自分のお給料だけは上がらない！　どうすればいい？」
「貯金がないから、将来が不安……」

今、多くの人たちがそんな悩みや不安を抱えているのではないでしょうか。

確かに今のところ、お金は僕たちが生きていく上で、とても便利なツールだと言えるでしょう。

お金があることで、衣食住の環境が整えられ、生存や安全が確保できるだけでなく、それを使って趣味や自己実現への投資など、人生の楽しみや喜びなども味わうことができるからです。

だから、お金がたくさんあれば幸せになれると信じている人も多く、お金を稼いでいる人ほど世の中では成功者とみなされている節があります。

でも現在、地球は既存の古い地球から新しい地球へと移行の真っ最中です。

お金を含めた豊かさに対する概念もどんどん変化してきているのです。

そこで、この本では、これから新しい地球を生きる皆さんに知っておいていただきたい、お金に対する新しい考え方についてお話ししたいと思います。

ハンディサイズのこの本は、あなたが新しい時代の豊かさの概念を身につけるために、いつもバッグの中に携帯し、ふとしたときに気軽に読んでいただくのにもおすすめです。

また、毎日、直感的にパッと開いたページを読んでいただくのもいいでしょう。

きっと、今のあなたに必要なメッセージや、現状に関するヒントに気づけるはずです。

それでは今から、新しい地球のお金に関して、お話ししていきましょう！

並木良和

Contents

願いごとは
気分のいいときに
しよう！

もっとお金持ちになりたい！
そんな夢があるのなら、
気持ちが乗っているときに願いましょう！
気分のいいときに願いごとをすると
叶《かな》いやすいからです。

なぜって？
もし、願いごとが叶ったら
どんな気分になりますか？
いい気分ですね。
欲しいものを手に入れたら、
どんな気分になりますか？
いい気分ですね。
お金持ちになれたら、

どんな気分になりますか？
いい気分ですね。

逆に言えば、人はいい気分になりたいから、
願いごとを叶えたい！
いい気分になりたいから、
欲しいものを手に入れたい。
いい気分になりたいから、
お金持ちになりたいのです。

この〝いい気分〟がすべての鍵になります。

だから、まだ願いごとが叶っていない状態でも、
いい気分でいるようにする。

まだ、お金持ちではない状態でも、
いい気分でいる。
そのいい気分が、
望む状況を手に入れたときのいい気分と
リンクしたときに、
すでに願いが叶っている
パラレルワールド（並行世界）に
ポン！とジャンプするのです。
それが、いわゆる引き寄せの法則です。

すると、当然あなたの現実は変わりはじめます。
よりいい気分で生きている自分に気づくのです。

だから、くれぐれも落ち込んでいるときや

ヘコんでいる時には、
願いごとをしないようにしましょう！

豊かさを叶えるワンポイント・アドバイス！①

「MYいい気分リスト」を作っておこう！

「いい気分になるのは難しい」という人へ。自分の気分を上げてくれるモノやコトを、事前にリストアップしておきましょう！　例えば、「お気に入りのスイーツ店、〇〇〇のプリンを食べる」「大好きなアーティスト、〇〇の曲を聴く」「親友の〇〇と長電話する」「さわやかなシトラス系のアロマをつける」など、自分の気分を高めてくれることをできるだけたくさんリストにしておきましょう。ちょっぴり落ち込んだときなどには、リストから幾つかをトライするだけで、いつもの〝いい気分のあなた〟に戻れるはず。

お金持ちになるには、波動の〝強さ〟が鍵

波動を理解している人は、
できるだけ〝波動の高い人〟になろうとします。
確かに、波動が高い人は意識も高く、
人間的にも素晴らしい人と言えるでしょう。
でも、お金持ちになるには、
波動の〝強さ〟も必要になります。

「では、どうしたら波動が強くなれるの？」

その答えは、「行動すること」。
何かしら行動をしなければ、
お金を生み出せません。
お金を得ようと思ったとき、
こうしたらいいんじゃないか、

というイメージは湧いてきたりするでしょう。
でも、この世界で
具体的に何かを生み出すためには、
イメージするだけでは足りないのです。

人間は行動するために肉体を持っています。
地球が〝行動の惑星〟といわれる所以《ゆえん》です。

だから、「お金が欲しい！」のであれば、
まずは、一歩を踏み出すこと。
アイディアに従って行動を繰り返すと、
少しずつ波動も強くなっていきます。
すると、イメージしていたことが
具体的に形を伴ってきます。

お金持ちとは、波動が強い人のことです。
人間的に優れているとか、
善良であるとかは関係ありません。
お金はいろいろな形で手に入るわけですから、
中には、〝悪いお金持ち〟もいるのです。

でも、〝幸せなお金持ち〟になるには、
波動の高さと強さの両方が必要。
その両輪が同じバランスを保ち、
回転し続けることで、
本当の意味での豊かさがあふれる幸せな人生を
送ることができるのです。

では、どうしたら波動の高さと強さの両方を
実現できるのでしょうか？

それは、「ポジティブな行動を起こすこと」
に尽きます。

喜びや充足感など、
ポジティブな感覚の中での行動を
常に心がけていると、
波動の高さと強さが循環し、
お金がどんどん生みだされていくのです。

ポジティブなアクションを心がけながら、
一時的なものではなく、長く続いていく
〝幸せなお金持ち〟になりましょう！

IDEA!
Action!

生涯年収は、人生のテーマで決まる

「一生にどれだけお金を稼ぐかは、
運命で決まっている？」
そんな質問を受けることがあります。

平均的なサラリーマンの生涯年収は
約2億円といわれていますが、
例えば、あのアメリカの大リーグ、
ＭＬＢ（メジャーリーグベースボール）で活躍する
大谷翔平選手の生涯年収は、
きっと数千億円という
途方もない金額になるはずです。

どうして、ここまで大きな差が出るのでしょうか？
その人の努力によるもの？

それとも、単純に幸運な人生なの？
誰もが一生懸命働けば、
もっとその額は増やせる？

実は、その答えは、
その人が生まれる時に決めてきた
人生のテーマ次第です。

例えば、ある人が貧しさを体験する中で
気づきを得ることが人生のテーマなら、
貧しい家庭に生まれることで
お金の大切さや有り難さを
学ぶことになるでしょう。
やはり、簡単にお金を手にしてしまうと、

お金の真の価値はわからないからです。

では、そうした人は一生、貧しいままなの？
いいえ、そうではありません。

自分のテーマを学び終えたなら、
そこから流れが変わり、
その後の人生では
お金をどんどん増やせる人もいます。

さらに、生涯において
どれだけお金を手に入れるかは、
やはり宇宙の法則がものを言います。
それは、「与えたものを受け取る」

というルールです。

つまり、お金持ちの人は、
自ら与えたものがそれだけ多い、
ということです。

例えば、大谷選手のような人は日本のみならず、
世界中の野球少年だけでなく、
野球をよく知らない大人たちにさえ、
インスピレーションや夢、勇気や希望、
そして、チャレンジ精神などを与え続けています。
そんな彼が他の人より受け取るものが多いのも、
納得なのではないでしょうか。

「きっと自分は、

そこまでの人生のテーマは設定してない」
などと嘆いたり、
あきらめたりする必要はありません。
今の自分の環境を否定したり、
逃げようとしたりするのではなく、
「今の自分の環境から学ぶことは何？」
と向き合うのです。

そして、その学びに気づくことさえできれば、
そこからいくらでも人生は変えられるのです。
自分にはそんな可能性があるんだ、
ということを信じるところからはじめましょう。

貧しいのは
「親ガチャ」のせい？
いいえ、親を選んだ
のはあなた自身

「親ガチャ*」という言葉をご存じですか？

生まれてきた家庭環境で
人生が大きく左右されるという意味から、
「生まれてくる子どもは親を選べない」
ということを表現する言葉です。

だから、お金持ちの家に生まれた人は、
そんな両親のもとに生まれたことを
ラッキーだったと思う一方で、
貧しい家庭に生まれた人は
「貧しいのは親のせい」、と思ったりするのです。

でも、実は、親ガチャではありません。

親を選んだのはあなた自身です。
もちろん、両親もあなたと親子になることを
魂レベルで同意したのです。

そのことをまず、理解しておいてください。
その上で、「自分で親を選んだ憶《おぼ》えなんかない！」
と突っぱねるのではなく、
もし、それが真実であるなら
「どうして、この両親を選んだのだろう？」
「自分は何をこの両親から
学ぼうとしているんだろう？」
という視点を持つようにしてみましょう。

そして、気づきや学びを受け取ることができると、

「この両親でよかった！」
と肯定できるようになり、
そこからまったく新しい人生の流れを
創造することができるのです。

「親ガチャだから、自分の境遇は親のせい！」
と思っていると、最初からマイナス思考なので、
どう動いても、
マイナスを埋めていくことしかできません。

それよりも、

「自分から、この両親を選んだんだ！」

ということは、

「この環境を最大限に生かすことで、

最高に幸せな人生を生きることもできるんだ！」
とポジティブな思考を通して、
人生をプラスに転換していきましょう。

＊親ガチャ
生まれ持った容姿や能力、家庭環境によって自分の人生が大きく左右されるという認識の上で、「生まれてくる子どもは親を選べない」ということを、スマートフォンのゲームの「ガチャ」に例えたネットスラング。

自信がある人に
お金は集まる

お金をたくさん受け取る人は、
自信がある人です。
ここでいう自信があるとは、
自分に価値を見出せている人、
という意味ですが、
そういった人がたくさんの豊かさを
受け取ることになります。

例えば、あなたが「1000万円欲しい！」
と強く願ったとします。
叶うという字は「口」に「十」と書くように、
「願いごとは思っているだけではなく、口にした
方が叶う」
といわれたりしますね。

つまり「言霊」です。


だから、あなたも〝言霊効果〞を期待して、

「1000万円が手に入っている！」

と声に出して何度も宣言したとします。

いわゆるアファメーションですね。

でも、「自分は1000万円を受け取る価値なんてない」、
と自身のことをどこかで低く見積もっている限り、
どんなに努力しても、頑張っても、
また、言霊効果を期待しても、
1000万円は受け取れません。

それは、目標金額が１０００万円でなくても、
１００万円でも10万円でも同じであり、
受け取れないものは受け取れないのです。

それは、なぜでしょうか？
人は自分が人生に許可したものだけしか、
体験することができないからです。

では、どうしたら、
その許可証を自分に与えられるのでしょうか？

この場合、

「自分は、１０００万円を受け取るのにふさわしい人間だ」

と心から思えるようになることです。

自分では1000万円を受け取るのにふさわしい、
と思っているつもりでも、もしかしたら、
心の底では、そうは思えていないかもしれないな、
と思いませんか。そこで、
「自分は1000万円を受け取るに値する人間である」
と思うことができるようになる方法をお教えします。

まずは、「1000万円が欲しい」
という意図を明確に設定します。
そして、
〝1000万円をすでに持っている自分〟に

チャンネルを合わせていきます。

その自分はどんな感覚を味わっているかを
感じてみるのです。

１０００万円がある喜び……。
１０００万円がある安心感……。
１０００万円があることで得られる自由さ……。

じっくりと、そんな感覚を味わってみてください。
なんとなく気分がアガってきませんか？

次に、１０００万円があるあなたは、
どんな生活をしているでしょうか？

どんな洋服を着ていますか？
どんな人と会っていますか？
どんな部屋で暮らしていますか？
どんなものを食べているでしょう？

たとえ今、
あなたが6畳一間のアパートに
住んでいたとしても、
想像するのは自由。
思うがままに想像を巡らせて、
憧れのライフスタイルを
思い描いてみてください。

朝日のあたる広々としたお部屋で

ヨガをやっている自分。
その後に、オシャレなキッチンで
新鮮なフルーツで作ったスムージーを
飲んでいる自分。
午後からは、街のカフェで
アフタヌーンティーをしている自分。
週末は友人と旅行を楽しんでいる自分。

そんな感覚を
たっぷりと味わい尽くしてください。
あなたにとっての
1000万円がある暮らしを想像することで、
〝最初にエネルギーを動かす〟のです。
つまり、憧れのライフスタイルを

イメージの中で先取りするわけです。

地球というこの物理次元には、
必ず「波動が先で現実が後」
というルールがあります。

つまり、最初に望む現実の波動をまとうことで、
現実は後からついてくるのです。
この方法を試していると、
気がつけば、6畳一間の暮らしから
いつの間にか、
何十畳もの広いペントハウスで
暮らしているかもしれません。

想像することでエネルギーを先に動かして、
現実を創造していきましょう。

ぜひ、この「ライフスタイル先取りメソッド」
を試してみてください。
何より、この方法は無料で行えるのも
メリットです。

この時の金額は1000万円でなくても、
1億円でも、10億円でも、もちろんOKです。
あなたがその状況を
明確にイメージできるのなら、
金額は自由です。

でも、もし金額が多すぎると感じたら、
500万円でも、100万円でも、
もう少しイメージしやすい
数字にしてもいいでしょう。

いずれにしても、1つ大切なことがあります。
それは、「こんなふうになりたい！」
と願っていることをイメージしたら、
そこに執着しすぎないこと。

「どんなふうにそれが叶うんだろう……」とか、
「こういう形で実現してほしい！」などと
そのプロセスについては、
あえて考えずに宇宙に委ねてしまいましょう。

なぜなら、人間の小さな意識で絞り出すよりも、「サムシンググレート」などとも呼ばれる、宇宙という大きな意識に任せれば、想像を超えた発想やアイディアで、物事が実現することになるからです。

願望はあっても、そこに執着しない軽やかさで、想像以上の現実を引き寄せていきましょう。

豊かさを叶えるワンポイント・アドバイス！②

自分の部屋を使って理想の自分のエネルギーを創り出す

狭い部屋に住んでいる場合、大きな鏡を置くと、鏡に映った部屋の分だけ部屋が広く見えますね。そんな目の錯覚を利用して、広い部屋に住んでいるような感覚を味わうことだって効果的。他にも、部屋に奥行きが出るようなポスターや壁紙などを貼るのもおすすめ。「大きな部屋に住んでいる」という感覚を十分に味わうことで、現実にも変化が出てくるようになるでしょう。

また、なりたい自分のイメージに近い絵や写真を雑誌などから切り取り、コラージュして貼る「ビジョンボード」も効果的。他にも、なりたい自分がいるであろう空間を先に作ってその空間に浸ってみるのも1つの方法。例えば、将来、カフェを経営したいという夢がある場合、自分の部屋をカフェのようなインテリアにして、その部屋で過ごし、理想の自分になりきることで、気がつけば、本当にカフェのオーナーになっているかもしれません。

豊かさに気づくために、感謝を見出す「感謝力」を身につける

夢を叶える「ライフスタイル先取りメソッド」
に加えて、
知っておいていただきたいことがあります。
それは、「感謝の先取り」です。

誰もが夢の暮らしが叶ったら、
きっと心の底から感謝をするはずです。
だから、その感謝も〝先取り〟しておくのです。

すでに夢が叶ったライフスタイルをイメージして
そのエネルギー（波動）を身にまといながら、

「ありがとう！」

と感謝の気持ちを宇宙に向かって伝えましょう。

すると、大きくエネルギーが動き出し、

願望の実現が加速することになります。

でも、さすがに
まだ手に入れていないものに対して、
先に感謝するのは難しい……。
そう思う人もいるかもしれませんね。
そんな時は、感謝について、
もっと意識的になってみましょう。

それでは、今から
「感謝力」を育てていきましょう。
まず、感謝とは何でしょうか？

感謝とは何か自分にとって有益だったり、

自分が何か特別なことをしてもらったり、
また、欲しいものを手に入れたり、
誰かに認められたりした時にだけ
するものではありません。
感謝できることは、
あなたの周りにあふれているのです。

今、この瞬間に空気を吸えていること。
今日もご飯が食べられていること。
今晩もお布団で寝られること。
今朝も目が覚めて、1日をスタートできること。
悩みごとがあれば、
相談に乗ってくれる友達がいること……etc.。

そんな日常生活の中にある
当たり前と思っている1つひとつが、
実は奇跡なのです。

先ほども例に出しましたが、
朝になって、目が覚めることだって、
感謝すべきことなのです。
だって、朝目が覚める保証なんて、
どこにもないんですから。

世界に目を向けてみると、
今、この瞬間にも戦火の中を
逃げ惑っている人がいます。
今日の食べ物に困っている人もいるのです。

だから、今の自分が完璧ではなかったとしても、
「毎日、こうして生きていられる」ということが
「普通ではなく、ありがたいことなんだ」
ということに気づいたら、
自然に感謝の気持ちが
湧いてくるのではないでしょうか。

こんなふうに、
感謝できることを見つける習慣を重ねるうちに、
自然と日常のささいなことにも
感謝できるようになります。

そう、感謝力は意識すればするほど、

筋肉のように育っていくのです。
そして、その感謝力こそがあなたの望む未来、
なりたい自分へと後押ししてくれるのです。

感謝
NOTE
太陽さんありがとう
1杯のお茶に感謝

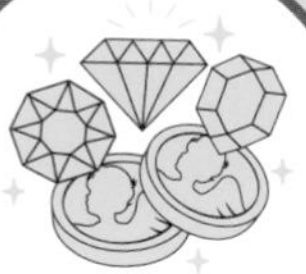

お金が貯まるお財布は、お金にとって気持ちよい〝部屋〟かどうかが鍵

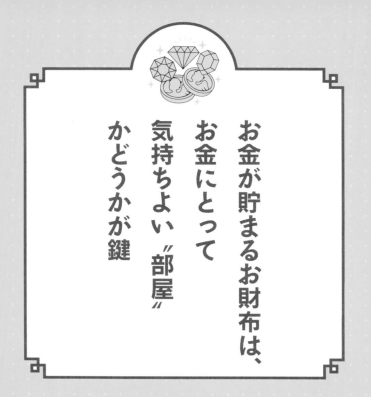

お金が貯まるお財布って、どんなお財布?
どんな形、素材、色がいいの?
どんなお財布を持つと開運できるの?

その答えは、あなたが最も気に入っていて、
そのお財布を持つと
いい気分になれる物がベストです。

また、あなた自身がお金になったところを
想像してみてください。
お金であるあなたは、
どんなお財布に入りたいですか?
そこに答えがあります。

すべてのモノに波動があるように、
お金にだって波動があります。

つまり、人間や動物、植物や鉱物だけでなく、
机や椅子など、生きていない〝モノ〟にだって、
それぞれ独自の波動があり、
波動を発しているということは、
モノにだって意識があるということです。

多くの人が清潔でキレイな部屋にいると
居心地がいいように、
お金だって気持ちがよい部屋に住みたいのです。

そんなふうに、お金のことをただのモノではなく

僕たちとは違う形で生きているものとして
思いやることができる豊かな感性の人には、
お金からも感謝の思いが返ってくるでしょう。
つまり、お金という豊かさがやってくるのです。

ちなみに、僕だったら、
二つ折りタイプや小型のお財布より、
お札がゆったり入るスペースがある
長財布の方がいいと思います。
その方が、お金ものびのびできる
と思いませんか？

そして、お財布の寿命はといえば、
ズバリ、お財布に元気がなくなってきたかな、と感じる時です。

お金が生きているように、
お財布だって生きていますから。
そして、お財布からお金を出して使うときには、
「お金さん、ありがとう！
また仲間をたくさん連れて帰ってきてね！」
と心の中で声を掛けてあげましょう。

すると、いずれあなたのお財布は、
仲間を連れて帰ってきたお札たちで
にぎやかになるはずです。

お金持ちに
なりたいなら、
皆でお金持ちに
なろう！

「お金持ちになりたい！」

そんな思いの根底には、

「自分だけが、お金持ちになりたい！」

という意識がある人もいます。

人間はエゴを肥大化させると
自分のことしか考えられなくなるからです。

でも、人は自分１人だけでは
豊かになることはできません。
皆も同じように豊かであることで、
あなたも本当の意味で豊かになれるのです。

例えば、あなた１人が富を独占したなら、
どうなるでしょうか？

何も持てない周囲の人たちが、
富を奪おうとあなたを狙ってくるでしょう。
その結果、あなたは欺かれ、騙《だま》され、
命だって狙われるかもしれません。

だからもし、あなたが何かを願うなら、
自分のことだけでなく
皆のことも一緒に願うのです。
なぜなら、誰もが幸せで豊かになる権利が
あるのですから。

例えば、神社で祈願をする時には、
次のように言うのもおすすめです。
「私がもっと豊かに幸せに健康になれますように。

そして、すべての人も同じように、
もっと豊かに幸せに健康になれますように！」と。

神社を参拝する時には、
そんな全体を含めた祈り方を習慣にするのも
おすすめです。

〝自分だけ〟というエゴの意識でなく、
この地球に住まうすべての人と一緒に
豊かになりたい！

そんな心の余裕と器の大きさがあるからこそ、
あなたの人生に流れ込んでくる豊かさも多く、
そして大きくなってゆくのです。

「ベーシックインカム」が本当にはじまる!?

「ベーシックインカム」
という制度をご存じですか？
それは、「政府がすべての国民に定期的に、
かつ無条件に一定の金額を支給する制度のこと」
です。
このベーシックインカムが、
近い将来、日本でも導入されるかもしれません。

すでにこれに関して、
導入を実験的に行っている国もありますが、
日本でも早ければ２０２６～28年くらいに
制度が試験的に導入されるかもしれません。

ただし、それは一度、

世界レベルでの経済的な破綻が起きた後になるはずです。
日本においても経済が冷え込み、生活保護などの社会保障を必要とする人々が増加することで、改めてこのベーシックインカムという制度が世の中に導入されることになるのです。

この最低限の生活費が保障されるという制度は、多くの人にとって良いニュースになるはずです。
そして、この制度は人々のライフスタイルも変えていくでしょう。

例えば、1人につき1か月、

7万円が支給されるとします。
そうすると、その金額では
家賃や食費などの生活費を賄うのは難しいので、
何人かで一緒に住んで合計金額の中から、
ベースの生活費を捻出して暮らしていく、
というふうに、シェアハウスのような
暮らし方をする人も出てくると思います。

そして、上手く
ベーシックインカムの流れができれば、
支給される金額も徐々に増えていくでしょう。

大切なのは、
このような制度が導入されることで、

より個人の主体性が求められる時代になる
ということを理解することです。

というのは、これまで
〝食べるための仕事〟をしていた人が、
最低限とはいえ生活の保障を得ることで、
これまでの仕事から解放された時が
問題なのです。

「これから何をすればいいいか、わからない……」

「やりたいことが見つからない」

そんな人たちも多く出てくるはずです。

食べるためだけに生きていた人は、
逆に、生きる目的や方向性を

見失ってしまいかねません。

だからこそ、
ベーシックインカムでいい時代がはじまる。
そう思えるかどうかは、あなた次第です。

時代の流れがどのように変わろうとも、
国や行政の方針がどのように変わろうとも、
あなたはあなたです。

「自分はこういう生き方をする！」
という明確な目的や主体性を持つことで、
時代の変化を自分の強みにしていけるはずです。

いずれ、地球からお金はなくなっていく

今、地球は
古い地球から新しい地球へと移行中です。
それは、時代が今の物質主義から
精神主義へと変わっていくということ。
そして、物質主義を最も象徴するものこそが
〝お金〟なのです。

けれども今後、
人間の精神性が高くなるにつれて、
将来的にお金はこの世界から
なくなっていくでしょう。

「自分にとっての本当に豊かな人生って何だろう?」

僕たちが自分なりにその課題を探求して
答えを見つけた時に、
「お金が一番！」
という優先順位が変化していくのです。

例えば、ある人にとっては、
高い家賃を払って
都会のタワーマンションで暮らすより、
田舎の小さな家で自然に囲まれて暮らす
生き方の方が魅力的だと
思えるようになるかもしれません。

また、ある人は
残業代を稼ぐために仕事一色だった暮らしが、

お給料は少なくても、
自分の趣味に使える時間が多い方がいい、
と感じるようになるかもしれません。

もちろん、この世界から
完全にお金がなくなるのは、
まだまだ先になるでしょう。
でも、すでに今、その兆しは見えはじめています。

つまり、

「人々の所有欲が少しずつ薄れてきている」

ということです。

それは社会における変化にも見てとれます。

例えば今、誰かと何かを共有するという
〝シェアリング〟が一般的になってきています。
部屋や家をシェアする
ルームシェアやホームシェア、
車や自転車のシェアリングなど。
高級ブランドバッグや洋服だって、
レンタル・サービスが普通になってきました。

このように、かつては
自分で所有をするのが当たり前だったものが、
他の人とのシェアでもいい、
という意識になってきたのです。

精神性が豊かな時代が到来すると、

自分の価値を表現するために
ブランドバッグを持つ必要がなくなり、
ステイタスのために家や車を所有する
こともなくなっていきます。

また、不要なモノを捨てて、
スッキリした暮らしを求める人や、
必要最小限のモノしか持たないミニマリスト
という考え方も
より浸透してくるようになりました。

こうして、人々のライフスタイルが
変わりつつあることも、
お金の終わりのはじまりなのです。

とはいえ、今はまだ
〝所有欲〟がなかなか手放せない、
という人も多いでしょう。
完全にこの世界からお金がなくなるのは
しばらく先になりますが、
新しい地球の生き方である、
よりモノを持たない生き方を、
今から少しずつはじめてみるのも
いいかもしれませんね。

おわりに

『Live with Money』はいかがでしたか？

「お金持ちになりたい！」

「この世界で、信じられるのはお金だけ！」


そんなことを思いながら、この本を手に取ってくださった人の中には、今、1冊を読み終えた時点で次のような感想を持つ人もいるのではないでしょうか？

「幸せになるためには、必ずしもたくさんのお金が必要なわけではないんだ……」
「モノを買ってリッチな気分になるのではなく、モノを持たない生き方でも豊かさを感じられるんだ！」

など、新しい時代のお金の価値観を受け取られた方も多いのではないでしょうか。

そうなのです。
今の時代においては、まだまだお金は生きていく上で必要不可欠なもののように思われていますが、これから将来的に、物質主義が終焉《しゅうえん》を迎え、精神主義へと移行する中、お金は、これまでのように重要視されることはなくなるでしょう。

それだけではなく、まだ先になりますが、お金はなくなっていこうとさえしているのです。

いずれにしても、豊かさの価値観はすでに変わりつつあります。

そんな移りゆく世界の中で、〝あなたにとって〝お金とは何であるか〟ということを見つめ直すきっかけになったなら、本書を出させていただいた意義にもつながり、うれしい限りです。

新しい地球での生き方をいち早く取り入れるためにも、あなただけの本当の豊かさを見つけて、幸せに満ちた人生を送っていただければ幸いです。

並木良和

Profile

並木良和
（なみき よしかず）

メンタル・アドバイザー。生まれる前の宇宙時代からの記憶を持ち、幼少期よりサイキック能力を自覚、高校入学と同時に霊能力者に師事。2006年より神界と天使界の導きにより、メンタル・アドバイザーとして独立。宇宙存在や高次元マスターとも協働しながら、本来の自分に一致する「統合ワーク」や、新しい地球を生きる「目醒めた意識作り」の叡智を発信。宇宙の本質である愛と調和を世界中に広める風の時代のリーダーとして、多くのファンに支持されている。著書『目醒めへのパスポート』（ビオ・マガジン）、『新しい人間関係のルール』（PHP研究所）ほか多数。
https://namikiyoshikazu.com/

並木良和オフィシャル・オンラインサロン
にアクセス！

Live with Money

2024年8月10日　第1版第1刷発行

著　者　並木良和

編　集　西元 啓子
イラスト　藤井 由美子
校　正　野崎 清春
デザイン　小山 悠太

発行者　大森 浩司
発行所　株式会社 ヴォイス　出版事業部
〒106-0031
東京都港区西麻布3-24-17 広瀬ビル
☎ 03-5474-5777（代表）
📠 03-5411-1939
www.voice-inc.co.jp

印刷・製本　映文社印刷 株式会社

ISBN978-4-89976-571-4